Astrid Lindgren

Niemals Gewalt

Deutsch von Anna-Liese Kornitzky

Verlag Friedrich Oetinger · Hamburg

MIX
Papier aus verantwortungsvollen Quellen
FSC® C083411

Deutsch von Anna-Liese Kornitzky (»Niemals Gewalt«)
und Kerstin Behnken (»Ich würde mir wünschen«),
Übersetzung des Gedichts »Wir Menschen« von
Verner von Heidenstam von Willi Grigor
Covergestaltung von Andrea Pieper unter
Verwendung eines Fotos von © Roine Karlsson
Druck und Bindung: CPI books GmbH,
Birkstraße 10, 25917 Leck, Deutschland
Printed 2017
ISBN 978-3-7891-0789-4

www.oetinger.de
www.astrid-lindgren.de

Inhalt

Vorwort

Astrid Lindgren war für mich als Kind eine Heldin. Eher gesagt, ihre Figur »Madita« war für mich eine Heldin. Kaum eine Geschichte hat mich damals mehr beeindruckt als die kleine Episode, in der Maditas Klassenkameradin Mia, ein Kind aus schlechten sozialen Verhältnissen, vom Direktor mit dem Rohrstock verprügelt wird und Madita verzweifelt versucht, ihn aufzuhalten. Dass es ganz und gar falsch ist, Kinder zu schlagen, war mir in dem Moment genauso glühend bewusst wie Madita, und genauso wie sie war ich wild empört. Doch Madita ist nicht nur ein Mädchen mit großem Gerechtigkeitssinn. Die fast Siebenjährige ist auch ein Kind mit vielen verrückten Einfällen im Kopf.

So springt Madita beispielsweise mit einem Regenschirm vom Dach, da sie gehört hat, dass man mit einem »Schirm« aus einem Flugzeug springen und auf diese Art fliegen kann.
Als Kind haben die Geschichten von Madita mir das Gefühl gegeben, dass alles möglich ist. Dass wir träumen dürfen, dass wir scheitern dürfen. Dass wir aber auch immer wieder behütet aufgefangen werden. Durch unsere Familien, durch Freunde und, ja, manchmal sogar auch durch Tiere. Vielleicht hat mich dieses Buch aber auch immer an mich selbst erinnert, weil Maditas Vater sie in vielem ermuntert hat – so wie meiner mich auch. Vor allen Dingen dazu, offen zu sein, auf andere zuzugehen. Egal, wo jemand herkommt oder aus welchen Verhältnissen er stammt.
Die Botschaften, die Astrid Lindgren in ihren

Kinderbüchern immer wieder spielerisch untergebracht hat, habe ich als Kind natürlich nicht so klar verstanden, und doch haben sie sich verhaftet. Sicher nicht nur bei mir, sondern bei vielen, die ihre Bücher inhaliert haben. Das ist der große Verdienst einer tollen Kinderbuchautorin, die dann doch so viel mehr war. Aber das wurde mir erst vor ein paar Jahren bewusst, als ich *Niemals Gewalt* zum ersten Mal las.
Mit ihrer Rede anlässlich der Verleihung des Friedenspreises des Deutschen Buchhandels 1978 hat sie einen Meilenstein für Kinderrechte gesetzt. Sie hat den Finger in die Wunde gelegt. Sie hat damals für einen Aufschrei gesorgt. Nur leider, wie das immer so ist, verhallte dieser viel zu schnell, fast schon so, als müsse jede Generation ihre eigenen Fehler machen, um dann daraus zu lernen. Aber warum lernen wir nicht aus der Vergan-

genheit? Ist es nicht die Gnade der späten Geburt, dass wir nicht das Gleiche erleben müssen wie Zigtausende Menschen zuvor? Nein, offensichtlich nicht. Heute, fast vierzig Jahre nach ihrer Dankesrede, wäre Astrid Lindgren vermutlich entsetzt darüber, wie wenig sich in den Jahren getan hat. Fast hat man den Eindruck, die Situation für Kinder ist, trotz offizieller Abschaffung der Prügelstrafe, sogar noch schlimmer geworden. Und warum? Weil wir als Gesellschaft das zulassen, wir nehmen es billigend in Kauf. Wir als Gesellschaft vergehen uns tagtäglich an Millionen von Kindern. Wir lassen sie im Krieg zurück, wir lassen sie verhungern, wir lassen sie ertrinken, wir schlagen sie, wir vergewaltigen sie, wir lassen sie allein. Wir nehmen ihnen das Recht auf ein Leben in Sicherheit, das Recht auf Kindheit. Wir nehmen ihnen die Chance auf Teilhabe, auf Bildung, auf eine Zukunft. Wir nehmen ihnen sogar die Chance auf eine Chance. Und ja, wir sind es, die das zulassen, und zwar auch, wenn wir nicht selbst Hand an sie legen. Wir schauen weg und machen uns mitschuldig. Doch wie kann das sein, wo doch immer alle betonen, dass Kinder unsere Zukunft sind? Was sind wir also für Vorbilder, die all das zulassen? Was sind wir für Vorbilder, die ihre Kinder mit auf Demos nehmen, wo blinder Hass demonstriert wird? Was sind wir für Vorbilder, die ihren Hass und ihre Ablehnung mittlerweile auch verbal zur Schau tragen? Die in den sozialen Netzwerken pöbeln und hetzen? Ja, auch das hinterlässt Wunden und Narben. Gewalt hat viele Formen. Das Ausmaß dessen, was das bei Kindern anrichtet und was es ihnen über die Welt und das Zusammenleben beibringt, können wir heute noch gar nicht überblicken. Der enthemmten Gesellschaft scheint es egal zu sein. Das »Ich« steht im Vordergrund. Die eigenen Bedürfnisse. Der eigene Frust. Und der wird abgeladen, wo und wie es gerade passt. Doch oft hilft es, seinem Gegenüber den Spiegel vorzuhalten. Kürzlich beschimpfte mich mal wieder ein Facebook-User. Ich antwortete ihm schlicht: »Möchtest du, dass dein Kind so etwas zu lesen bekommt? Möchtest du, dass deiner Tochter irgendwann mal jemand so etwas schreibt? Nein? Warum tust du es dann mir an?« Wir müssen aufpassen, dass diese Entwicklung nicht noch schlimmer wird. Wir müssen aufpassen, dass unsere Empathie vor lauter Technik und sozialen Medien nicht auf der Strecke bleibt. Wir müssen klarmachen, dass unser Engagement nicht nur durch Likes zum Ausdruck gebracht werden darf, sondern durch aktives

Handeln und Hinschauen. Gerade was unsere Kinder anbelangt. Sie orientieren sich an unseren Werten, an unserem Leben, an unseren Gewohnheiten, aber vor allen Dingen an unseren Worten.
Wir müssen endlich das, was wir versprechen, auch einhalten.
Carolin Emcke, die Friedenspreisträgerin des Jahres 2016, hat gesagt: »Menschenrechte sind voraussetzungslos. Sie können und müssen nicht verdient werden.« Und ich möchte dem hinzufügen: Kinderrechte erst recht nicht.
Astrid Lindgren hat diese Aussage stets gelebt. Ihre schon 1969 formulierte Forderung »Gebt Kindern Liebe, mehr Liebe und noch mehr Liebe« ist heute vielleicht aktueller denn je und findet mit der Friedenspreisrede seinen beeindruckenden Höhepunkt. Für ihr entschiedenes Eintreten für die Rechte der

Kinder gebührt dieser großartigen Schriftstellerin unser ganzer Respekt und Dank. An uns ist es, ihren Appell lebendig zu halten und weiterzutragen.

Dunja Hayali

Niemals Gewalt

Rede anlässlich der Verleihung
des Friedenspreises des Deutschen
Buchhandels 1978

Liebe Freunde!

Das Erste, was ich zu tun habe, ist, Ihnen zu danken, und das tue ich von ganzem Herzen. Der Friedenspreis des Deutschen Buchhandels strahlt einen solchen Glanz aus und ist eine so hohe Auszeichnung, dass es einen fast überwältigt, empfängt man ihn. Und jetzt stehe ich hier, wo schon so viele kluge Männer und Frauen ihre Gedanken und ihre Hoffnungen für die Zukunft der Menschheit und den von uns allen ersehnten ewigen Frieden ausgesprochen haben – was könnte ich wohl sagen, das nicht schon andere vor mir gesagt haben?

Über den Frieden sprechen heißt ja über etwas sprechen, das es nicht gibt. Wahren

Frieden gibt es nicht auf unserer Erde und hat es auch nie gegeben, es sei denn als Ziel, das wir offenbar nicht zu erreichen vermögen. Solange der Mensch auf dieser Erde lebt, hat er sich der Gewalt und dem Krieg verschrieben, und der uns vergönnte, zerbrechliche Friede ist ständig bedroht. Gerade heute lebt die ganze Welt in der Furcht vor einem neuen Krieg, der uns alle vernichten wird. Angesichts dieser Bedrohung setzen sich mehr Menschen denn je zuvor für Frieden und Abrüstung ein – das ist wahr, das könnte eine Hoffnung sein.

Doch Hoffnung hegen fällt so schwer. Die Politiker versammeln sich in großer Zahl zu immer neuen Gipfelgesprächen, und sie alle sprechen so eindringlich für Abrüstung, aber nur für die Abrüstung, die die anderen vornehmen sollen. Dein Land soll abrüsten, nicht meines! Keiner will den Anfang machen. Keiner wagt es anzufangen, weil jeder sich fürchtet und so geringes Vertrauen in den Friedenswillen des anderen setzt. Und während die eine Abrüstungskonferenz die andere ablöst, findet die irrsinnigste Aufrüstung in der Geschichte der Menschheit statt. Kein Wunder, dass wir alle Angst haben, gleichgültig, ob wir einer Großmacht angehören oder in einem kleinen neutralen Land leben. Wir alle wissen, dass ein neuer Weltkrieg keinen von uns verschonen wird, und ob ich unter einem neutralen oder nicht neutralen Trümmerhaufen begraben liege, das dürfte kaum einen Unterschied machen.

Müssen wir uns nach diesen Jahrtausenden ständiger Kriege nicht fragen, ob der Mensch nicht vielleicht schon in seiner Anlage fehlerhaft ist? Und sind wir unserer

Aggressionen wegen zum Untergang verurteilt? Wir alle wollen ja den Frieden. Gibt es denn da keine Möglichkeit, uns zu ändern, ehe es zu spät ist? Könnten wir es nicht vielleicht lernen, auf Gewalt zu verzichten? Könnten wir nicht versuchen, eine ganz neue Art Mensch zu werden? Wie aber sollte das geschehen, und wo sollte man anfangen?

Ich glaube, wir müssen von Grund auf beginnen. Bei den Kindern.

Sie, meine Freunde, haben Ihren Friedenspreis einer Kinderbuchautorin verliehen, und da werden Sie kaum weite politische Ausblicke oder Vorschläge zur Lösung internationaler Probleme erwarten. Ich möchte zu Ihnen über die Kinder sprechen. Über meine Sorge um sie und meine Hoffnung für sie.

Die jetzt Kinder sind, werden ja einst die Geschäfte unserer Welt übernehmen, sofern dann noch etwas von ihr übrig ist. Sie sind es, die über Krieg und Frieden bestimmen werden und darüber, in was für einer Gesellschaft sie leben wollen. In einer, wo die Gewalt nur ständig weiterwächst, oder in einer, wo die Menschen in Frieden und Eintracht miteinander leben.

Gibt es auch nur die geringste Hoffnung darauf, dass die heutigen Kinder dereinst eine friedlichere Welt aufbauen werden, als wir es vermocht haben? Und warum ist uns dies trotz allen guten Willens so schlecht gelungen?

Ich erinnere mich noch sehr gut daran, welch ein Schock es für mich gewesen ist, als mir eines Tages – ich war damals noch sehr jung – klar wurde, dass die Männer, die die Geschichte der Völker und der Welt lenkten, keine höheren Wesen mit übernatürlichen Gaben und göttlicher Weisheit waren. Dass sie Menschen waren mit den gleichen menschlichen Schwächen wie ich. Aber sie hatten Macht und konnten jeden Augenblick schicksalsschwere Entscheidungen fällen, je nach den Antrieben und Kräften, von denen sie beherrscht wurden. So konnte es, traf es sich besonders unglücklich, zum Krieg kommen, nur weil ein einziger Mensch von Machtgier oder Rachsucht besessen war, von Eitelkeit oder Gewinnsucht oder aber – und das scheint das Häufigste zu sein – von dem blinden Glauben an die Gewalt als das wirksamste Hilfsmittel in allen Situationen. Entsprechend konnte ein einziger guter und besonnener Mensch hier und da Katastrophen verhindern, eben weil er gut und besonnen war und auf Gewalt verzichtete.

Daraus konnte ich nur das eine folgern:

Es sind immer auch einzelne Menschen, die die Geschichte der Welt bestimmen. Warum aber waren denn nicht alle gut und besonnen? Warum gibt es so viele, die nur Gewalt wollten und nach Macht strebten? Waren einige von Natur aus böse? Das konnte ich damals nicht glauben, und ich glaube es auch heute nicht.

Die Intelligenz, die Gaben des Verstandes mögen zum größten Teil angeboren sein, aber in keinem neugeborenen Kind schlummert ein Samenkorn, aus dem zwangsläufig Gutes oder Böses sprießt. Ob ein Kind zu einem warmherzigen, offenen und vertrauensvollen Menschen mit Sinn für das Gemeinwohl heranwächst oder aber zu einem gefühlskalten, destruktiven, egoistischen Menschen, das entscheiden die, denen das Kind in dieser Welt anvertraut ist, je nachdem, ob sie ihm zeigen, was Liebe ist, oder aber dies nicht tun.

»Überall lernt man nur von dem, den man liebt«, hat Goethe einmal gesagt, und dann muss es wohl wahr sein.

Ein Kind, das von seinen Eltern liebevoll behandelt wird und das seine Eltern liebt, gewinnt dadurch ein liebevolles Verhältnis zu seiner Umwelt und bewahrt diese Grundeinstellung sein Leben lang. Und das ist auch dann gut, wenn das Kind später nicht zu denen gehört, die das Schicksal der Welt lenken. Sollte das Kind aber wider Erwarten eines Tages doch zu diesen Mächtigen gehören, dann ist es für uns alle ein Glück, wenn seine Grundhaltung durch Liebe geprägt worden ist und nicht durch Gewalt. Auch künftige Staatsmänner und Politiker werden zu Charakteren geformt, noch bevor sie das fünfte Lebensjahr erreicht haben – das ist erschreckend, aber es ist wahr.

Blicken wir nun einmal zurück auf die Methoden der Kindererziehung früherer Zeiten. Ging es dabei nicht allzu häufig darum, den Willen des Kindes mit Gewalt, sei sie physischer oder psychischer Art, zu brechen? Wie viele Kinder haben ihren ersten Unterricht in Gewalt »von denen, die man liebt«, nämlich von den eigenen Eltern erhalten und dieses Wissen dann der nächsten Generation weitergegeben!

Und so ging es fort, »Wer die Rute schont, verdirbt den Knaben«, hieß es schon im Alten Testament, und daran haben durch die Jahrhunderte viele Väter und Mütter geglaubt. Sie haben fleißig die Rute geschwungen und das Liebe genannt. Wie aber war denn nun die Kindheit aller dieser wirklich »verdorbenen Knaben«, von denen es zurzeit so viele auf der Welt gibt, dieser Diktatoren, Tyrannen und Unterdrücker, dieser Menschenschinder?

Dem sollte man einmal nachgehen.

Ich bin überzeugt davon, dass wir bei den meisten von ihnen auf einen tyrannischen Erzieher stoßen würden, der mit einer Rute hinter ihnen stand, ob sie nun aus Holz war oder im Demütigen, Kränken, Bloßstellen, Angstmachen bestand.

In den vielen von Hass geprägten Kindheitsschilderungen der Literatur wimmelt es von solchen häuslichen Tyrannen, die ihre Kinder durch Furcht und Schrecken zu Gehorsam und Unterwerfung gezwungen und dadurch für das Leben mehr oder weniger verdorben haben. Zum Glück hat es nicht nur diese Sorte von Erziehern gegeben, denn natürlich haben Eltern ihre Kinder auch schon von jeher mit Liebe und ohne Gewalt erzogen. Aber wohl erst in unserem Jahrhundert haben Eltern damit begonnen, ihre Kinder als ihresgleichen zu betrachten und ihnen das Recht einzuräumen, ihre Persönlichkeit in einer Familiendemokratie ohne Unterdrückung und ohne Gewalt frei zu entwickeln.

Muss man da nicht verzweifeln, wenn jetzt plötzlich Stimmen laut werden, die die Rückkehr zu dem alten autoritären System fordern?

Denn genau das geschieht zurzeit mancherortens in der Welt. Man ruft jetzt wieder nach »härterer Zucht«, nach »strafferen Zügeln« und glaubt, dadurch alle jugendlichen Unarten unterbinden zu können, die angeblich auf zu viel Freiheit und zu wenig Strenge in der Erziehung beruhen. Das aber hieße den Teufel mit dem Beelzebub austreiben und führt auf die Dauer nur zu noch mehr Gewalt und zu einer tieferen und gefährlicheren Kluft zwischen den Generationen.

Möglicherweise könnte diese erwünschte »härtere Zucht« eine äußerliche Wirkung erzielen, die die Befürworter dann als Besserung deuten würden. Freilich nur so lange, bis auch sie allmählich zu der Erkenntnis gezwungen werden, dass Gewalt immer wieder nur Gewalt erzeugt – so wie es von jeher gewesen ist.

Nun mögen sich viele Eltern, beunruhigt durch die neuen Signale, fragen, ob sie es bisher falsch gemacht haben. Ob eine freie Erziehung, in der die Erwachsenen es nicht für selbstverständlich halten, dass sie das Recht haben zu befehlen, und die Kinder die Pflicht haben, sich zu fügen, womöglich nicht doch falsch oder gefährlich sei.

Freie und unautoritäre Erziehung bedeutet nicht, dass man die Kinder sich selber überlässt, dass sie tun und lassen dürfen, was sie wollen. Es bedeutet nicht, dass sie ohne Normen aufwachsen sollen, was sie selber übrigens gar nicht wünschen.

Verhaltensnormen brauchen wir alle, Kinder und Erwachsene, und durch das Beispiel ihrer Eltern lernen die Kinder mehr als durch irgendwelche anderen Methoden. Ganz gewiss sollen Kinder Achtung vor ihren Eltern haben, aber ganz gewiss sollen auch Eltern Achtung vor ihren Kindern haben, und niemals dürfen sie ihre natürliche Überlegenheit missbrauchen. Liebevolle Achtung voreinander, das möchte man allen Eltern und allen Kindern wünschen.

Jenen aber, die jetzt so vernehmlich nach härterer Zucht und strafferen Zügeln rufen, möchte ich das erzählen, was mir einmal eine alte Dame berichtet hat. Sie war eine junge Mutter zu der Zeit, als man noch an diesen Bibelspruch glaubte, dieses »Wer die Rute schont, verdirbt den Knaben«.

Im Grunde ihres Herzens glaubte sie wohl gar nicht daran, aber eines Tages hatte ihr kleiner Sohn etwas getan, wofür er ihrer Meinung nach eine Tracht Prügel verdient hatte, die erste in seinem Leben. Sie trug ihm auf, in den Garten zu gehen und selber nach einem Stock zu suchen, den er ihr dann bringen sollte. Der kleine Junge ging und blieb lange fort. Schließlich kam er weinend zurück und sagte: »Ich habe keinen Stock finden können, aber hier hast du einen Stein, den kannst du ja nach mir werfen.«

Da aber fing auch die Mutter an zu weinen, denn plötzlich sah sie alles mit den Augen des Kindes. Das Kind musste gedacht haben: »Meine Mutter will mir wirklich wehtun, und das kann sie ja auch mit einem Stein.«

Sie nahm ihren kleinen Sohn in die Arme, und beide weinten eine Weile gemeinsam. Dann legte sie den Stein auf ein Bord in der Küche, und dort blieb er liegen als ständige Mahnung an das Versprechen, das sie sich in dieser Stunde selber gegeben hatte: »NIEMALS GEWALT!«

Ja, aber wenn wir unsere Kinder nun ohne Gewalt und ohne irgendwelche straffen Zügel erziehen, entsteht dadurch schon ein neues Menschengeschlecht, das in ewigem Frieden lebt? Etwas so Einfältiges kann sich wohl nur ein Kinderbuchautor erhoffen! Ich weiß, dass es eine Utopie ist. Und ganz gewiss gibt es in unserer armen, kranken Welt noch sehr viel anderes, das gleichfalls geändert werden muss, soll es Frieden geben. Aber in dieser unserer Gegenwart gibt es – selbst ohne Krieg – so unfassbar viel Grausamkeit, Gewalt und Unterdrückung auf Erden, und das bleibt den Kindern keineswegs verborgen. Sie sehen und hören und lesen es täglich, und schließlich glauben sie gar, Gewalt sei ein natürlicher Zustand.

Müssen wir ihnen dann nicht wenigstens daheim durch unser Beispiel zeigen, dass es eine andere Art zu leben gibt?

Vielleicht wäre es gut, wenn wir alle einen kleinen Stein auf das Küchenbord legten als Mahnung für uns und für die Kinder:

NIEMALS GEWALT!

Es könnte trotz allem mit der Zeit ein winziger Beitrag sein zum Frieden in der Welt.

Astrid Lindgren nimmt den Preis aus den Händen von Rolf Keller,
Vorsteher des Börsenvereins des Deutschen Buchhandels, entgegen.

Den Friedenspreis des Deutschen Buchhandels
verleiht der Börsenverein im Jahre 1978

Astrid Lindgren

die mit ihrem gesamten Werk beispielhaft für alle steht, die mit ihren Büchern Kindern in aller Welt als unverlierbaren Schatz die Phantasie schenken und ihr Vertrauen in das Leben bestärken.

Neugier im Kind zu wecken, es kritisch zu machen gegenüber großen Worten und Parolen, ist genauso wichtig wie die Aufgabe, ihnen die Angst zu nehmen vor der Welt und der Zukunft.

Das Werk von Astrid Lindgren bedeutet keine Abkehr von der Wirklichkeit, keine Verführung zur Flucht in Träume. Astrid Lindgren führt in eine Welt, in der wir lachen und weinen, träumen, aber auch leben können. Ihre Bücher vermitteln Leben und Wärme, bezaubern und verzaubern. Sie erziehen behutsam, aber nachdrücklich zu Toleranz und Verantwortung, den unabdingbaren Voraussetzungen des Friedens.

BÖRSENVEREIN DES DEUTSCHEN BUCHHANDELS

Der Vorsteher
Rolf Keller

Frankfurt am Main, in der Paulskirche am 22. Oktober 1978

Die Besorgnis über den Zustand der Welt begleitete Astrid Lindgren durch ihr ganzes Erwachsenenleben. Bereits vermutlich Ende der 1950er-Jahre verleiht sie in diesem jüngst in den Archiven entdeckten Textfragment ihrer Nachdenklichkeit Ausdruck, das heute wie eine Vorankündigung auf ihre große Friedenspreisrede wirkt.

Ich würde mir wünschen

Ich würde mir wünschen, dass wir nicht mehr so furchtbare Angst haben müssten. Frei zu sein von Not und Furcht ... Klingt das nicht wunderbar? Das würde ich mir wünschen, aber ich weiß nicht, wie es Wirklichkeit werden soll. Es setzt voraus, dass wir aufhören, uns wie ein Haufen verängstigter Kinder zu benehmen, die sich gegenseitig aus reinem

Schrecken die Augen auskratzen, es setzt voraus, dass wir uns mit ein wenig mehr Vertrauen einander nähern, dass Menschen und Nationen und Rassen endlich merken, dass die Erde unser aller Heim ist und dass wir versuchen müssen, uns einig zu sein. Ich würde mir wünschen, dass eine neue Art der Weisheit über uns käme, vor allem über unsere Anführer. Man würde ja so gerne versuchen zu glauben, dass diese Menschen, die das Schicksal der Welt in ihren Händen halten, besonders hervorstehende Exemplare der menschlichen Rasse sind, dass sie klüger und verständiger und besser als wir anderen sind, aber dann muss man ja einsehen, dass sie es nicht sind. Sie sind genauso kleine Pimpfe wie wir alle, genauso voll von Eitelkeit und Dummheit und Aggressionen und persönlicher Machtbesessenheit wie wir selbst. Es ist wahr, was Axel Oxenstierna sagte: »Mein Sohn, weißt du nicht, mit wie wenig Weisheit die Welt regiert wird?« Ein wenig mehr Weisheit in der Welt würde ich mir für die 1960er wünschen, ich würde mir wünschen, dass zumindest ein paar neue Menschen auftauchen, die wirklich einen Kopf größer sind als wir anderen und die uns den Weg weisen können.

Etwas mehr Weisheit und Güte – das würde uns allen guttun. Es bringt aber wohl nicht so viel, herumzusitzen und sich etwas für andere Menschen zu wünschen. Die richtige Art und Weise ist wohl, dass ein jeder bei sich selber anfängt und versucht, sich an diesen Vers zu erinnern:

Wir, die wir uns treffen kurze Stunden,
Kinder gleicher Erde, gleichem Wunder,
auf des Lebens sturmumbraustem Kap!

Solln wir lieblos gehn und kalt durchs Leben?
Gleiche Einsamkeit erwartet jeden,
gleicher Trauerklang an seinem Grab.

Verner von Heidenstam: Wir Menschen
Übersetzung: Willi Grigor

Nachwort

NIEMALS GEWALT!
Oder:
Es gibt Dinge, die man tun muss, sonst ist man kein Mensch, sondern nur ein Häuflein Dreck!

»Wer die Rute schont, verdirbt den Knaben« – Astrid Lindgren hat diesen Bibelspruch, der über Jahrhunderte hinweg fester Bestandteil der Kindererziehung war, zeit ihres Lebens als einen Aufruf zur Gewalt verstanden. Einen in ihren Augen ungeheuerlichen Aufruf zur Gewalt gegen Kinder.

Traf sie auf Menschen, die anderer Ansicht waren, dann erzählte sie gern die berührende Geschichte der Mutter, die ihren Sohn mit einem Stock züchtigen wollte, und wie sich beide schließlich versöhnten und sie sich selbst das Versprechen gab: »Niemals Gewalt!«

Diese Geschichte las Astrid Lindgren auch am 22. Oktober 1978 vor. An diesem Tag stand sie in der Frankfurter Paulskirche am Rednerpult. Man hatte ihr gerade den Friedenspreis des Deutschen Buchhandels übergeben. Das erste Mal überhaupt in seiner Geschichte hatte der Börsenverein des Deutschen Buchhandels eine Autorin ausgesucht, die Kinderbücher schreibt. In der Begründung war unter anderem von ihrem Verdienst um die Phantasie ihrer jungen Leser die Rede. Und damit hatte der Börsenverein natürlich recht. Wer hatte sich als Kind nicht gern zu Michel nach Lönneberga geträumt, wollte seine Sommerferien unbedingt in Bullerbü verbringen, hätte nicht gern Pippi

Langstrumpf zur Freundin gehabt oder wäre gern so mutig gewesen wie Ronja Räubertochter? Doch dann kam diese Frau mit der viel zu großen Brille vor den klaren blauen Augen, die sich all diese wunderbaren Kindergeschichten ausgedacht hatte, aus dem friedvollen Småland angereist und tat in Frankfurt etwas ganz anderes, als man von ihr erwartet hatte: Sie sprach über Kinder. Ja. Aber sie sprach auch über Gewalt. Und darüber, dass Kinder und Gewalt nicht zusammenpassen. Damit hatten die wenigsten gerechnet.

Tatsächlich brachte Astrid Lindgren mit ihrer berühmt gewordenen Rede *Niemals Gewalt!* das Publikum in der Paulskirche dann auch ziemlich in Verlegenheit. Man muss sich das mal vor Augen halten: In Deutschland galt damals noch das elterliche Recht auf körperliche Züchtigung, und in den Schulen durften Lehrer ihre Schüler mit Prügel bestrafen. Kinder zu schlagen, um sie zu erziehen – das war im Deutschland der Siebzigerjahre leider noch völlig normal. Viele Politiker empfanden ihr Plädoyer damals als Affront, und der Börsenverein hatte anfangs sogar erwogen, Astrid Lindgren wieder auszuladen, damit sie ihre provokante Rede nicht halten konnte.

Ein Satz in der Geschichte vom Stein auf dem Küchenbord, die Astrid Lindgren in ihrer Rede erzählt, berührt mich besonders, weil er so sehr viel über ihre Persönlichkeit aussagt: *»Da aber fing auch die Mutter an zu weinen, denn plötzlich sah sie alles mit den Augen des Kindes.«*
Alles mit den Augen des Kindes sehen. Genau das ist es, was Astrid Lindgren ihr Leben

lang tat. Sie wurde auch als Erwachsene diese Perspektive nicht los, mit der Kinder auf die Welt schauen – neugierig, offen, mutig, hinterfragend, direkt. Fühlen wie ein Kind – auch das zeichnete sie aus. Empathie zu haben für die, die schwächer sind, mitzufühlen, wenn sie leiden.
Dieses starke Gefühl von Solidarität hatte Astrid Lindgren nicht nur Kindern gegenüber, sondern gegenüber allen Benachteiligten und ungerecht Behandelten. Astrid Lindgren wünschte sich für die Kinder und für alle Menschen auf der Welt eine gerechte Gesellschaft. Und sie wollte die Menschen, die für die Gerechtigkeit kämpfen, unterstützen.

Aber – wie wird eine so? So frei im Denken, so widerständig und sozial? So engagiert für eine friedvolle Gesellschaft? Und so unnachgiebig in allem?

Um Antworten auf diese Frage zu finden, möchte ich mit Ihnen auf Spurensuche gehen – in die Geschichte von Astrid Lindgren und in die Geschichten, die sie für die Kinder in uns geschrieben hat.

Die erste Spur führt mich nach Vimmerby. Das ist eine Kleinstadt in Småland im Süden von Schweden. Hier wächst Astrid Lindgren (damals heißt sie noch Ericsson) in einer liebevollen Umgebung und in großer Geborgenheit auf. Die Familie lebt im ehemaligen Pfarrhof von Näs. Der Vater bewirtschaftet den Hof, die Mutter backt selbst Brot, es gibt einen großen Garten und eine noch größere Familie, zu der neben den Geschwistern und Eltern auch die Großeltern im ersten Stock des Hauses gehören, ebenso Knechte und Landarbeiter.

Die Eltern sind streng, glauben an Gott,

erziehen Astrid und ihre Geschwister aber sehr liebevoll. Sie lassen ihnen alle Freiheiten, die sie brauchen. Ab und zu müssen sie zwar auf dem Hof helfen, aber ihre Nachmittage dürfen sie damit verbringen, sich in den Wäldern zu verstecken oder im See zu baden. Wir kennen diese Szenen von den Kindern aus Bullerbü. Vielleicht lag es an dieser friedvollen Kindheit, dass sie es auch später nicht ertragen konnte, wenn Menschen andere Menschen verletzten und demutigten, wenn die Harmonie gestört wurde, die ihr in der Welt ihrer Kindheit so überdeutlich gewesen sein muss. Auch ihre große Tierliebe und ihre Liebe zur Natur haben ihren Ursprung sicherlich in ihrer Kindheit. Ihr späterer Kampf gegen die Atomkraft und ihr großes Engagement im Tierschutz sind darauf zurückzuführen.

Die zweite Spur führt direkt in den Zweiten Weltkrieg.
Im Spätsommer 1940 wird Astrid Lindgren eine streng geheime Stelle in der Abteilung für Briefzensur des Nachrichtendienstes angeboten. Die Arbeitszeit ist flexibel, oft abends. So kann sie tagsüber die meiste Zeit zu Hause bei ihren beiden Kindern verbringen.
Die Arbeit ist so geheim, dass Astrid Lindgren sie nicht einmal in ihren eigenen Tagebüchern zu erwähnen wagt. Wohl aber die Informationen, die sie den Briefen entnimmt. Sie verstärken noch einmal ihr Interesse an der Weltgeschichte – sie liest von Abtransporten, Hunger, Sterben. Akribisch schreibt sie auf, was sie bewegt. Sie verfolgt die Geschehnisse in Deutschland, schneidet täglich Schilderungen von der Not der Bevölkerung aus der Zeitung aus. Mit einer fast mani-

schen Empörung beschreibt sie die Judenverfolgung und andere Grausamkeiten. Eine Arbeit gegen das Vergessen. Sie schreibt: *»Ich begann diese Tagebücher zu schreiben, um mein Gedächtnis zu unterstützen und um ein Gesamtbild der Weltereignisse zu bekommen und zu sehen, wie sie auf uns wirkten.«*

Ihre Abscheu gegen den Nationalsozialismus, gegen die Gewalt und Hitler als Person zieht sich in diesen Jahren wie eine heftige Welle durch ihre Tagebücher. Bereits am zweiten Tag des Krieges, am 2. September 1939, schreibt sie: *»Sollte dies ein neuer Weltkrieg werden, muss das Urteil der Geschichte über Adolf Hitler fürchterlich ausfallen.«* Gleichzeitig wächst ihr Mitgefühl für die Menschen. Kurz vor Weihnachten 1943 notiert sie: *»Ich möchte wissen, wie die Berliner sich beim Gedanken an das* *bevorstehende Weihnachtsfest fühlen. Diese Woche hat die totale Bombardierung von Berlin angefangen. Ein Stadtviertel nach dem anderen wird verwüstet … Es gefällt mir nicht, dass die Engländer so etwas tun müssen, um den Krieg zu gewinnen.«*

An vielen Figuren in ihren Büchern wird deutlich, wie sehr der Schrecken des Krieges Astrid Lindgren auch Jahrzehnte später nicht losgelassen hat. Immer wieder thematisiert sie die Unglaublichkeit, die darin steckt. Dabei ist sie Realistin. Sie spielt den Kindern keine heile Welt vor. Stattdessen konfrontiert sie sie damit, dass Gewalt – leider! – immer auch ein Teil des Lebens ist. Aber sie macht eben eine Gegenwelt auf. Astrid Lindgren lässt ihre jungen Leser nicht leiden oder im Stich. Am Ende soll immer das Gute siegen.

In *Mio, mein Mio* geht es eindrucksvoll um die Überwindung von Gewalt. Der Waisenjunge Mio wächst in Stockholm in einer lieblosen Umgebung auf. Er sehnt sich nach einem Vater und nach Geborgenheit. Mithilfe eines Flaschengeistes gelangt er schließlich ins Land der Ferne, wo sein Vater König ist. Das Böse verkörpert dort der grausame Ritter Kato. Er hat ein Herz aus Stein. Doch im Verlauf der poetischen wie auch sehr dramatischen Handlung überwindet Mio die Angst, wächst über sich hinaus und ist für den – letztlich erfolgreichen – Kampf gegen Ritter Kato bereit.

Auch in ihrem 1973 veröffentlichten Buch *Die Brüder Löwenherz* mutet Astrid Lindgren ihren jungen Lesern mehr zu, als vielen Erwachsenen lieb war. Helden des Buches sind die Brüder Jonathan – er ist der Ältere, schön und gesund – und Krümel – er ist klein, ängstlich und todkrank. Krümel weiß, dass er sterben muss. Deshalb erzählt Jonathan ihm zum Trost die Geschichte vom Land Nangijala, in das man kommt, wenn man gestorben ist. Nangijala, das ist ein Land voller Sagen und Abenteuer.

Der Tod kommt früher als gedacht. Beim Brand ihres Hauses stirbt Jonathan, als er versucht, seinen Bruder zu retten. Kurze Zeit später stirbt auch Krümel. In Nangijala treffen sich die beiden Brüder wieder.

Doch ihr neues Zuhause wird bedroht: Tengil, der Tyrann, herrscht mit Katla, dem Drachen, im Nachbartal und will nun auch das Tal erobern, in dem die Brüder Löwenherz leben. Beide greifen in den Freiheitskampf ihres Tales ein. Sie wissen, worauf sie sich einlassen, und sie haben eine klare Haltung: *»Aber es gibt Dinge, die man tun muss,*

sonst ist man kein Mensch, sondern nur ein Häuflein Dreck!«
Jonathan gelingt es schließlich, Tengil zu besiegen. Doch er wird von Katlas tödlichem Gifthauch getroffen, bevor auch der Drache stirbt. Jetzt ist es Krümel, der den älteren Bruder tröstet und ihm vom Land Nangilima erzählt, in dem es noch schöner sei und in dem alle Bewohner ihre Zeit mit Spielen und in Freundschaft verbringen. Dann nimmt Krümel seinen sterbenden Bruder auf den Rücken und springt mit ihm von der Klippe – durch den Tod hinüber nach Nangilima.

Die Reaktionen auf ihr Buch *Die Brüder Löwenherz* kamen schneller als auf irgendeines ihrer anderen Bücher. Von den Erwachsenen wurde die Thematisierung des Tods in einem Kinderbuch zum Teil heftig kritisiert. Die Kinder aber sprach die Geschichte der

beiden Brüder sofort an. Sie schrieben der Schriftstellerin in ihren Briefen Sätze wie »Das ist dein bestes Buch!« oder: »Es ist so schwer, es in Worten auszudrücken, aber alles ist so wunderbar grausam und schön, so spannend und traurig und lustig.«
Astrid Lindgren hat übrigens einmal erwähnt, dass die Memoiren des Lagerkommandanten von Auschwitz, Rudolph Hess, ihr die Illusion von der »ausgleichenden Gerechtigkeit« geraubt hätten. *»Überall in der Welt herrscht das Böse, überall gibt es Menschen, die berufsmäßig andere der brutalsten Tortur aussetzen. Daran dachte ich, als ich in den Brüdern Löwenherz das Böse schilderte.«*

Die dritte Spur führt mich zu den Brüchen, die ein Leben ausmachen. So auch das von Astrid Lindgren.

Den ersten großen Bruch in Astrid Lindgrens Leben gibt es, als sie gerade erst 18 ist. In Vimmerby fängt sie ein Volontariat bei der Zeitung *Vimmerby Tidning* an. Dann wird sie von ihrem Chef schwanger. Sie will den Vater ihres Kindes nicht heiraten, verlässt deshalb den elterlichen Bauernhof und somit den Schutzraum ihrer Kindheit und zieht nach Stockholm. Ihren unehelichen Sohn bringt sie 1926 in Kopenhagen zur Welt, lässt ihn dort schweren Herzens bei einer Pflegefamilie, pendelt, um ihn so oft wie möglich zu sehen, dauernd zwischen Stockholm und Kopenhagen hin und her. Sie beendet ihre Ausbildung zur Sekretärin, steht endlich auf eigenen Beinen und kann ihr Kind zu sich holen. In der Arbeit lernt sie schließlich ihren zweiten Mann kennen. Er ist Bürovorsteher in dem Büro, in dem sie arbeitet. Die beiden heiraten, bekommen

1934 ihre gemeinsame Tochter Karin. Sture Lindgren stirbt 1952. Da ist Astrid Lindgren erst Mitte 40, aber sie wird nach Sture keinen anderen Mann mehr haben.

Sie sorgt auch selbst für Brüche. 1976 etwa mit der von ihr so geliebten Sozialdemokratie. Nach den geltenden Steuergesetzen der Regierung von Olof Palme sollte Astrid Lindgren damals nämlich 102 Prozent Einkommensteuer an den Staat bezahlen. Sie protestiert auf ihre Art und veröffentlicht in der Zeitung *Expressen* den satirisch-kritischen Artikel *Pomperipossa in Monismanien* – eigentlich ein Märchen. Drei Tage später erscheint im *Svenska Dagbladet* eine Antwort des Finanzministers Sträng, der *»seiner geschätzten Freundin Astrid Lindgren«* bestätigte, sie hätte da *»ein ernstes Problem angeschnitten«*, hätte das alles aber wohl nicht genau verstanden.

Ich denke, sie hatte sehr gut verstanden und mal wieder den Finger in eine offene Wunde gelegt.

Im Herbst desselben Jahres begann in Schweden der Wahlkampf. Einige Parteien versuchten, Astrid Lindgrens Kritik an der sozialdemokratischen Regierung für sich zu nutzen. Doch Astrid Lindgren wehrte sich auch gegen sie. Sie wollte sich für keine Partei einspannen lassen. Aber sie stand hundertprozentig zu ihrer Kritik an der Machtvollkommenheit der Regierung – auch wenn sie damit ihre Solidarität mit der Arbeiterklasse aufgab, die ja hinter der Regierung stand. Aber wenn in ihren Augen etwas nicht gerecht war, dann hielt Astrid Lindgren sich mit ihrer Kritik eben nicht zurück. Auch in die Vietnam-Frage mischte sie sich ein. Schon 1967 schrieb sie: »... *wo die Amerikaner darauf bestehen, die Vietnamesen vor dem*

Kommunismus zu retten, diese Idioten!« Und *Weihnachten 1972 erklärte sie, wie sehr sie den US-Präsidenten Nixon verabscheut: »Ich glaube, die ganze Welt wird allmählich so antiamerikanisch, dass es sich bald mit unserem Abscheu vor den Nazis vergleichen lässt.«* Nie war sie so verankert in einer politischen Ideologie, dass diese sie daran hätte hindern können, sich nicht für andere Menschen einzusetzen.
Für die nun 70-Jährige begann damit eine neue Karriere – als öffentliche Meinungsmacherin.

Wofür sie sich einsetzte? Wie schon immer und weiterhin in ihren Büchern: nur für Herzensangelegenheiten. Dazu gehörte auch die Liebe zur Natur. Bäume und Pflanzen waren für sie lebendige Wesen voller Wunder und Magie. *»Wird die Natur bedroht,*

dann wird alles, was lebt, bedroht«, sagt Astrid Lindgren und engagiert sich 1982 für die Abschaffung der Kernkraft.
Wenige Jahre später beginnt sie ihren Kampf gegen die unhaltbaren Zustände in der Massentierhaltung. Es geht zunächst um die Kühe. Aufgrund ihrer Intervention entstand in Schweden fast so etwas wie ein Volkssturm für die Rechte der Kühe. Aber auch Volksstürme ändern Gesetze ja nicht so ohne Weiteres. Es dauerte lange, bis die Regierung ein neues Tierschutzgesetz verabschiedete. Mittlerweile galt das Interesse längst nicht mehr nur den Kühen. Man sprach auch über aggressive, gespritzte Schweine, über Hühner ohne Federn, die sich gegenseitig in immer kleineren Käfigen hacken, und über Antibiotika, die unterschiedslos in jedes neu geborene Kalb gepumpt wurden. Und nicht zuletzt sorgten die unnötigen Qualen der

Schlachttiere auf dem Weg in den Tod für Empörung.
Astrid Lindgren, die mittlerweile so etwas wie eine Nationalheilige geworden war, ließ nicht locker. Sie wandte sich direkt an den damaligen Ministerpräsidenten Ingvar Karlsson. Der war durch *Pomperipossa* klug geworden und besuchte sie in ihrer Wohnung in der Dalagatan. Astrid Lindgren las ihm die Leviten und kniff ihm zum Abschied in die Backe. Ein Tierschutzgesetz wünsche sie sich von ihm zum Geburtstag! Sie bekam es. Aber eines, mit dem sie nicht zufrieden war. Natürlich sagte sie auch das. Und natürlich sagte sie es so laut, dass alle es hören konnten!

Das Wichtigste aber waren für Astrid Lindgren immer die Kinder. Wenn es um Kinder ging, war ihre Identifikation mit den Notleidenden total. Und genauso wichtig war ihr der Kampf für die Rechte der Kinder und gegen Gewalt und Prügelstrafe.

Deshalb führt uns die vierte Spur auch in die Villa Kunterbunt.
Denn lange bevor sich Astrid Lindgren öffentlich gegen Gewalt einsetzte und ihre Stimme erhob, hatte sie über Themen wie Macht, Machtmissbrauch, Gewalt und Gewaltprävention und über ihre eigenen Vorstellungen von Kindererziehung bereits in ihren Büchern geschrieben. Was Kindererziehung anging, hatte sie klare Überzeugungen: *»Man kann in Kinder nichts hineinprügeln, aber man kann vieles aus ihnen herausstreicheln.«* Und: *»Ich glaube, dass Erziehung Liebe zum Ziel haben muss, Zuneigung. Liebe kann man lernen, und niemand lernt besser als Kinder. Wenn Kinder*

ohne Liebe aufwachsen, darf man sich nicht wundern, wenn sie selber lieblos werden.«

In ihrem ersten in Deutschland veröffentlichten Buch *Pippi Langstrumpf* werden ihre Vorstellungen von einer gewaltfreien Erziehung besonders deutlich. Astrid Lindgren stellt die Welt auf den Kopf. Pippi ist finanziell unabhängig und mit unvorstellbar großen Kräften ausgestattet. Sie ist die Starke, die Erwachsenen sind die Schwachen. Aber Pippi tut, wovon auch ihre Erfinderin überzeugt ist: Sie nutzt die Macht, die sie dadurch über andere hat, nicht aus. Sie bestraft auch nicht, sie ist stattdessen einfühlsam, selbst mit Einbrechern, strengen Lehrern oder bedrohlich wirkenden Frauen vom Jugendamt. Pippi hat ein Herz für alle.

Pippi weiß, wie stark sie ist, und sie versteht es, ihre Kräfte einzusetzen – vor allem,

wenn es um die Rechte von Kindern geht. Sie duldet keine Ungerechtigkeiten. Und sie führt den Erwachsenen durch ihre Schlagfertigkeit deren eigene Einfältigkeit vor Augen – dem starken Adolf genauso wie dem Zirkusdirektor, den Dieben, die hinter ihrem Koffer mit dem Gold her sind, genauso wie den Polizisten, mit denen sie Fangen spielt.
Ohne Frage: Mit Pippi Langstrumpf hat Astrid Lindgren eine Figur erfunden, die die Welt verändert hat. Nicht nur, weil Kinder von ihr bis heute lernen, was Freiheit und Selbstbestimmung sind, sondern auch, weil Kinder an ihrem Beispiel sehen, dass man Konflikte friedlich lösen kann, dass Gewalt kein probates Mittel der Auseinandersetzung ist, dass die Welt gestalten mehr Spaß macht, als sich über andere zu erheben.
Als Pippi 48 wurde – 1992 –, hat der *Spiegel* Astrid Lindgren in einem Interview

gefragt, ob Pippi ihre emanzipatorische Funktion nicht längst verloren habe, jetzt, da Eltern doch so viel freizügiger geworden seien? Astrid Lindgren schüttelte den Kopf. *»Die Seele der Kinder und ihre Bedürfnisse haben sich doch nicht geändert. Deshalb finden sie es immer noch herrlich, dass es jemanden wie Pippi gibt, die sich alles erlauben kann, lustig und frei ist. Wenn Pippi übrigens jemals eine Funktion gehabt hat, außer zu unterhalten, dann war es die zu zeigen, dass man Macht haben kann und sie nicht missbraucht. Und das ist wohl das Schwerste, was es im Leben gibt.«*

Die fünfte Spur führt uns daher zu den Mächtigen der Welt.
»… sonst ist man kein Mensch, sondern nur ein Häuflein Dreck!« Der Satz, den Astrid Lindgren Krümel und Jonathan Löwenherz

sagen ließ, war auch für sie selbst eine ständige Forderung zu handeln. Deshalb schrieb sie – sie war 82 Jahre alt – einen Brief an Herrn Gorbatschow. Ein schwedischer Junge hatte ihr von seiner Angst vor einem Atomkrieg erzählt. Astrid Lindgren nahm die Angst ernst und schrieb eindringlich an den mächtigsten Mann der Sowjetunion.

Wenig später bekam sie tatsächlich Antwort von Michail Gorbatschow. Der Junge, der sich ihr mit seiner Angst anvertraut hatte, erfuhr so, dass jemand seine Sorgen ernst genommen hatte.

Zwei Jahre später, 1991, marschierten sowjetische Truppen im Baltikum ein. Astrid Lindgren schrieb noch einmal an Michail Gorbatschow. Ob er denn inzwischen vergessen habe, was er in seinem Brief an sie versprochen hatte, nämlich, dass man keinen Kindern, ganz gleich, wo sie lebten, die Zukunft rauben dürfe, ob das die litauischen, lettischen und estnischen Kinder nicht mit einschließe? Auf diesen Brief antwortete Michail Gorbatschow nicht.

Astrid Lindgren konnte verzweifelt sein über den Zustand der Welt. Ihr tief bewegendes Gedicht *Wäre ich Gott* legt davon Zeugnis ab. Dennoch verliert sie ihren Optimismus nie. 1995 trifft sie einen Jungen, der eher zu den Benachteiligten gehört – Niklas. Er ist Skinhead. Eine Haltung, die Astrid Lindgren nicht nachvollziehen kann. Sie erklärt dem Jungen: *»Du musst mit diesen Skinheadereien aufhören.«* Und packt ihn bei den Hosenträgern. Astrid Lindgren hat ein Herz für alle Menschen – auch für Skinheads, Jungnazis und andere Gewalttäter, die sich in Stockholm herumtreiben. Die Begegnung ist freundlich. Niklas verspricht ihr, kein Nazi zu werden. Anschließend, im Gespräch mit der Zeitung, antwortet Astrid Lindgren auf die Frage, ob der Mensch im Grunde böse sei: *»Ich kann mir das nicht vorstellen. Ich glaube, Gewalt wurzelt in Unsicherheit. Man muss an das Gute glauben.«*

»Dieser Tag ein Leben« – Astrid Lindgrens Lebensmotto war es, an jedem Tag des Lebens genau so zu handeln, als wäre dieser Tag der einzige, den man dafür hat. Ohne Frage war auch der 22. Oktober 1978 für sie ein solcher Tag. Mit ihrer Rede *Niemals Gewalt* verbinden wir bis heute die Hoffnung auf mehr Frieden in der Welt.

Silke Weitendorf, Verlegerin des Oetinger Verlags

Der hier abgedruckte Text ist die gekürzte Fassung eines Vortrags im Kinderkulturzentrum Konstanz am 14. November 2014

Zeittafel

1907 Am 14. November wird Astrid Anna Emilia Ericsson auf Näs bei Vimmerby im schwedischen Småland als zweites Kind des Pfarrhofpächters Samuel August Ericsson und seiner Frau Hanna geboren.

1914 Astrid Ericsson kommt in die Schule.

1924 Nach dem Schulabschluss Volontariat bei der *Vimmerby Tidningen* in Vimmerby.

1926 Sekretärin in Stockholm, Geburt des Sohnes Lars.

1931 Astrid Ericsson heiratet Sture Lindgren, Direktor des Königlichen Automobilclubs.

1934 Geburt der Tochter Karin.

1944 Astrid Lindgren schreibt die Geschichte von Pippi Langstrumpf als Geburtstagsgeschenk für ihre Tochter auf.

1945 Bei einem Wettbewerb des Verlags Rabén & Sjögren gewinnt Astrid Lindgren mit *Pippi Langstrumpf* den ersten Preis.

1946 Astrid Lindgren übernimmt die Leitung der Kinderbuchabteilung im Verlag Rabén & Sjögren.

1949 Die deutsche Erstausgabe von *Pippi Langstrumpf* erscheint.

1950 Astrid Lindgren erhält den Nils-Holgersson-Preis für *Im Wald sind keine Räuber*.

1952 Tod des Ehemannes Sture Lindgren.

1956 Astrid Lindgren erhält die Prämie des Deutschen Jugendbuchpreises für *Mio, mein Mio*.

1958 Astrid Lindgren wird für *Rasmus und der Landstreicher* und das Gesamtwerk mit der Hans-Christian-Andersen-Medaille ausgezeichnet.

1965 Astrid Lindgren erhält den Schwedischen Staatspreis für Literatur für ihr Gesamtwerk.

1966 In Berlin-Spandau wird die erste

Schule in Deutschland nach Astrid Lindgren benannt.

1971 Astrid Lindgren wird die Große Goldmedaille der Schwedischen Akademie für Literatur verliehen

1976 Astrid Lindgren schreibt das Steuermärchen *Pomperipossa in Monismanien,* was zum Regierungswechsel in Schweden beiträgt.

1978 Astrid Lindgren erhält als erste Kinderbuchautorin den Friedenspreis des Deutschen Buchhandels.

1984 In Kiel wird die erste Straße in Deutschland nach Astrid Lindgren benannt.

1985 Astrid Lindgren ist mit über zwei

Millionen jährlichen Ausleihen der schwedischen Volksbüchereien die am meisten gelesene schwedische Autorin.

1985–89 Astrid Lindgren setzt sich zusammen mit der Tierärztin Kristina Forslund für den Tierschutz ein und streitet sich heftig mit den Ministern und wichtigen Vertretern aus der Landwirtschaft. Sie fordert die Abschaffung der katastrophalen Missstände in der Massentierhaltung und löst damit in Schweden eine Tierschutzdebatte aus.

1986 Tod des Sohnes Lars. Verleihung des Selma-Lagerlöf-Literaturpreises. Astrid Lindgren gründet mit ihrem Preisgeld die Stiftung »Solkatten« (Sonnenkatze) für behinderte Kinder.

1987 Astrid Lindgren wird als erste Autorin mit dem sowjetischen Leo-Tolstoi-Preis ausgezeichnet. Briefwechsel mit Michail Gorbatschow zum Thema »Frieden«.

1988 Astrid Lindgrens hartnäckiger Kampf gegen Massentierhaltung hat Erfolg: Durch ihr Einwirken tritt in Schweden ein neues, verbessertes Tierschutzgesetz in Kraft.

1994 Astrid Lindgren wird am 9. Dezember im Schwedischen Parlament in Stockholm der Alternative Nobelpreis verliehen.

1997 Astrid Lindgren wird zur »Schwedin des Jahres in der Welt« gekürt.

1999 Astrid Lindgren wird bei einer Umfrage der schwedischen Tageszeitung *Expressen* zur beliebtesten Schwedin des Jahrhunderts gewählt.

2002 Am 28. Januar stirbt Astrid Lindgren in Stockholm.

2003 Am 4. Juni 2003 wird erstmalig der von der schwedischen Regierung zu Ehren Astrid Lindgrens gestiftete Astrid-Lindgren-Gedächtnispreis (»The Astrid Lindgren Memorial Award« ALMA) verliehen.